This
Gratitude Journal
belongs to:

By Magical Colors

MO   TU   WE   TH   FR   SA   SU   DATE: /   /

TODAY I AM THANKFUL FOR ...

#1 ____

#2 ____

#3 ____

TODAY I FEEL ...

DRAW SOMETHING THAT MAKES YOU HAPPY:

SOMETHING AWESOME ABOUT TODAY THAT I WANT TO REMEMBER ..

____

____

____

BEDTIME

Time: ___ : ___

I am grateful for

PERSON ······
HOLIDAY ······
FOOD ······
DRINK ······
PLACE ······

BOOK ······
ANIMAL ······
MOVIE ······
GAME ······
SONG ······

Draw something that makes you happy

Draw Something Or Stick A Picture That Made you Grateful Today

MO   TU   WE   TH   FR   SA   SU   DATE: /   /

TODAY I AM THANKFUL FOR ...

#1 ____

#2 ____

#3 ____

TODAY I FEEL ...

DRAW SOMETHING THAT MAKES YOU HAPPY:

SOMETHING AWESOME ABOUT TODAY THAT I WANT TO REMEMBER ..

BEDTIME

Time: ___ : ___

I am grateful for

PERSON ……………………	**BOOK** ……………………
HOLIDAY ……………………	**ANIMAL** ……………………
FOOD ……………………	**MOVIE** ……………………
DRINK ……………………	**GAME** ……………………
PLACE ……………………	**SONG** ……………………

Draw something that makes you happy

Draw Something Or Stick A
Picture That Made you
Grateful Today

MO   TU   WE   TH   FR   SA   SU   DATE: /   /

TODAY I AM THANKFUL FOR ...

#1 ____

#2 ____

#3 ____

TODAY I FEEL ...

DRAW SOMETHING THAT MAKES YOU HAPPY:

SOMETHING AWESOME ABOUT TODAY THAT I WANT TO REMEMBER ..

____

____

BEDTIME

Time: ___ : ___

I am grateful for

PERSON	**BOOK**
HOLIDAY	**ANIMAL**
FOOD	**MOVIE**
DRINK	**GAME**
PLACE	**SONG**

Draw something that makes you happy

Draw Something Or Stick A Picture That Made you Grateful Today

MO   TU   WE   TH   FR   SA   SU   DATE: /   /

TODAY I AM THANKFUL FOR ...

#1 ____

#2 ____

#3 ____

TODAY I FEEL ...

DRAW SOMETHING THAT MAKES YOU HAPPY:

SOMETHING AWESOME ABOUT TODAY THAT I WANT TO REMEMBER ..

____

____

____

BEDTIME

Time: _____ : _____

I am grateful for

PERSON ....

HOLIDAY ....

FOOD ....

DRINK ....

PLACE ....

BOOK ....

ANIMAL ....

MOVIE ....

GAME ....

SONG ....

Draw something that makes you happy

Draw Something Or Stick A
Picture That Made you
Grateful Today

MO   TU   WE   TH   FR   SA   SU   DATE: /   /

TODAY I AM THANKFUL FOR ...

#1 ____

#2 ____

#3 ____

TODAY I FEEL ...

DRAW SOMETHING THAT MAKES YOU HAPPY:

SOMETHING AWESOME ABOUT TODAY THAT I WANT TO REMEMBER ..

BEDTIME

Time: ......:......

I am grateful for

PERSON ....

HOLIDAY ....

FOOD ....

DRINK ....

PLACE ....

BOOK ....

ANIMAL ....

MOVIE ....

GAME ....

SONG ....

Draw something that makes you happy

Draw Something Or Stick A Picture That Made you Grateful Today

MO   TU   WE   TH   FR   SA   SU   DATE: /   /

TODAY I AM THANKFUL FOR ...

#1 ____

#2 ____

#3 ____

TODAY I FEEL ...

DRAW SOMETHING THAT MAKES YOU HAPPY:

SOMETHING AWESOME ABOUT TODAY THAT I WANT TO REMEMBER ..

____

____

____

BEDTIME

Time: ___ : ___

I am grateful for

PERSON ....

HOLIDAY ....

FOOD ....

DRINK ....

PLACE ....

BOOK ....

ANIMAL ....

MOVIE ....

GAME ....

SONG ....

Draw something that makes you happy

Draw Something Or Stick A Picture That Made you Grateful Today

MO   TU   WE   TH   FR   SA   SU   DATE: /   /

TODAY I AM THANKFUL FOR ...

#1 ____

#2 ____

#3 ____

TODAY I FEEL ...

DRAW SOMETHING THAT MAKES YOU HAPPY:

SOMETHING AWESOME ABOUT TODAY THAT I WANT TO REMEMBER ..

____

____

____

Time: .... : ....

I am grateful for

PERSON ·····································
HOLIDAY ·····································
FOOD ·····································
DRINK ·····································
PLACE ·····································

BOOK ·····································
ANIMAL ·····································
MOVIE ·····································
GAME ·····································
SONG ·····································

Draw something that makes you happy

Draw Something Or Stick A
Picture That Made you
Grateful Today

MO   TU   WE   TH   FR   SA   SU   DATE: /   /

TODAY I AM THANKFUL FOR ...

#1 ____

#2 ____

#3 ____

TODAY I FEEL ...

DRAW SOMETHING THAT MAKES YOU HAPPY:

SOMETHING AWESOME ABOUT TODAY THAT I WANT TO REMEMBER ..

BEDTIME

Time: ..... : .....

I am grateful for

PERSON ....

HOLIDAY ....

FOOD ....

DRINK ....

PLACE ....

BOOK ....

ANIMAL ....

MOVIE ....

GAME ....

SONG ....

Draw something that makes you happy

Draw Something Or Stick A
Picture That Made you
Grateful Today

MO   TU   WE   TH   FR   SA   SU   DATE: /   /

TODAY I AM THANKFUL FOR ...

#1 ____

#2 ____

#3 ____

TODAY I FEEL ...

DRAW SOMETHING THAT MAKES YOU HAPPY:

SOMETHING AWESOME ABOUT TODAY THAT I WANT TO REMEMBER ..

____

____

____

BEDTIME

Time: ....:......

I am grateful for

PERSON ....

HOLIDAY ....

FOOD ....

DRINK ....

PLACE ....

BOOK ....

ANIMAL ....

MOVIE ....

GAME ....

SONG ....

Draw something that makes you happy

Draw Something Or Stick A Picture That Made you Grateful Today

MO   TU   WE   TH   FR   SA   SU   DATE: /   /

TODAY I AM THANKFUL FOR ...

#1 ____

#2 ____

#3 ____

TODAY I FEEL ...

DRAW SOMETHING THAT MAKES YOU HAPPY:

SOMETHING AWESOME ABOUT TODAY THAT I WANT TO REMEMBER ..

____

____

____

BEDTIME

Time: ..... : .....

I am grateful for

PERSON	**BOOK**
HOLIDAY	**ANIMAL**
FOOD	**MOVIE**
DRINK	**GAME**
PLACE	**SONG**

Draw something that makes you happy

Draw Something Or Stick A
Picture That Made you
Grateful Today

MO   TU   WE   TH   FR   SA   SU   DATE: /   /

TODAY I AM THANKFUL FOR ...

#1 ____

#2 ____

#3 ____

TODAY I FEEL ...

DRAW SOMETHING THAT MAKES YOU HAPPY:

SOMETHING AWESOME ABOUT TODAY THAT I WANT TO REMEMBER ..

____

____

____

BEDTIME

Time: _____ : _____

I am grateful for

PERSON ·····················
HOLIDAY ····················
FOOD ·······················
DRINK ······················
PLACE ······················

BOOK ·······················
ANIMAL ·····················
MOVIE ······················
GAME ·······················
SONG ·······················

Draw something that makes you happy

Draw Something Or Stick A
Picture That Made you
Grateful Today

MO   TU   WE   TH   FR   SA   SU   DATE: /   /

TODAY I AM THANKFUL FOR ...

#1 ____

#2 ____

#3 ____

TODAY I FEEL ...

DRAW SOMETHING THAT MAKES YOU HAPPY:

SOMETHING AWESOME ABOUT TODAY THAT I WANT TO REMEMBER ..

____

____

____

BEDTIME

Time: ...... : ......

I am grateful for

PERSON ·······································

HOLIDAY ·······································

FOOD ·······································

DRINK ·······································

PLACE ·······································

BOOK ·······································

ANIMAL ·······································

MOVIE ·······································

GAME ·······································

SONG ·······································

Draw something that makes you happy

Draw Something Or Stick A
Picture That Made you
Grateful Today

MO   TU   WE   TH   FR   SA   SU   DATE: /   /

TODAY I AM THANKFUL FOR ...

#1 ____

#2 ____

#3 ____

TODAY I FEEL ...

DRAW SOMETHING THAT MAKES YOU HAPPY:

SOMETHING AWESOME ABOUT TODAY THAT I WANT TO REMEMBER ..

____

____

BEDTIME

Time: ...... : ......

I am grateful for

PERSON ....

HOLIDAY ....

FOOD ....

DRINK ....

PLACE ....

BOOK ....

ANIMAL ....

MOVIE ....

GAME ....

SONG ....

Draw something that makes you happy

Draw Something Or Stick A Picture That Made you Grateful Today

MO   TU   WE   TH   FR   SA   SU   DATE: /   /

TODAY I AM THANKFUL FOR ...

#1 ____

#2 ____

#3 ____

TODAY I FEEL ...

DRAW SOMETHING THAT MAKES YOU HAPPY:

SOMETHING AWESOME ABOUT TODAY THAT I WANT TO REMEMBER ..

BEDTIME

Time: ...... : ......

I am grateful for

PERSON ....

HOLIDAY ....

FOOD ....

DRINK ....

PLACE ....

BOOK ....

ANIMAL ....

MOVIE ....

GAME ....

SONG ....

Draw something that makes you happy

Draw Something Or Stick A Picture That Made you Grateful Today

MO   TU   WE   TH   FR   SA   SU   DATE: /   /

TODAY I AM THANKFUL FOR ...

#1 ____

#2 ____

#3 ____

TODAY I FEEL ...

DRAW SOMETHING THAT MAKES YOU HAPPY:

SOMETHING AWESOME ABOUT TODAY THAT I WANT TO REMEMBER ..

____

____

____

BEDTIME

Time: ......:......

I am grateful for

PERSON .... BOOK ....

HOLIDAY .... ANIMAL ....

FOOD .... MOVIE ....

DRINK .... GAME ....

PLACE .... SONG ....

Draw something that makes you happy

Draw Something Or Stick A Picture That Made you Grateful Today

MO   TU   WE   TH   FR   SA   SU   DATE: /   /

TODAY I AM THANKFUL FOR ...

#1 ____

#2 ____

#3 ____

TODAY I FEEL ...

DRAW SOMETHING THAT MAKES YOU HAPPY:

SOMETHING AWESOME ABOUT TODAY THAT I WANT TO REMEMBER ..

____

____

____

BEDTIME

Time: ......:......

I am grateful for

PERSON ....

HOLIDAY ....

FOOD ....

DRINK ....

PLACE ....

BOOK ....

ANIMAL ....

MOVIE ....

GAME ....

SONG ....

Draw something that makes you happy

Draw Something Or Stick A Picture That Made you Grateful Today

MO   TU   WE   TH   FR   SA   SU   DATE: /   /

TODAY I AM THANKFUL FOR ...

#1 ____

#2 ____

#3 ____

TODAY I FEEL ...

DRAW SOMETHING THAT MAKES YOU HAPPY:

SOMETHING AWESOME ABOUT TODAY THAT I WANT TO REMEMBER ..

____

____

____

BEDTIME

Time: ......:......

I am grateful for

PERSON .... BOOK ....

HOLIDAY .... ANIMAL ....

FOOD .... MOVIE ....

DRINK .... GAME ....

PLACE .... SONG ....

Draw something that makes you happy

Draw Something Or Stick A Picture That Made you Grateful Today

MO   TU   WE   TH   FR   SA   SU   DATE: /   /

TODAY I AM THANKFUL FOR ...

#1 ____

#2 ____

#3 ____

TODAY I FEEL ...

DRAW SOMETHING THAT MAKES YOU HAPPY:

SOMETHING AWESOME ABOUT TODAY THAT I WANT TO REMEMBER ..

____

____

____

BEDTIME

Time: ___ : ___

I am grateful for

PERSON .... BOOK ....

HOLIDAY .... ANIMAL ....

FOOD .... MOVIE ....

DRINK .... GAME ....

PLACE .... SONG ....

Draw something that makes you happy

Draw Something Or Stick A Picture That Made you Grateful Today

MO   TU   WE   TH   FR   SA   SU   DATE: /   /

TODAY I AM THANKFUL FOR ...

#1 ____

#2 ____

#3 ____

TODAY I FEEL ...

DRAW SOMETHING THAT MAKES YOU HAPPY:

SOMETHING AWESOME ABOUT TODAY THAT I WANT TO REMEMBER ..

Time: ___:___

I am grateful for

PERSON ·······································

HOLIDAY ·······································

FOOD ·······································

DRINK ·······································

PLACE ·······································

BOOK ·······································

ANIMAL ·······································

MOVIE ·······································

GAME ·······································

SONG ·······································

Draw something that makes you happy

Draw Something Or Stick A
Picture That Made you
Grateful Today

MO   TU   WE   TH   FR   SA   SU   DATE: /   /

TODAY I AM THANKFUL FOR ...

#1 ____

#2 ____

#3 ____

TODAY I FEEL ...

DRAW SOMETHING THAT MAKES YOU HAPPY:

SOMETHING AWESOME ABOUT TODAY THAT I WANT TO REMEMBER ..

BEDTIME

Time: ___:___

I am grateful for

PERSON ....

HOLIDAY ....

FOOD ....

DRINK ....

PLACE ....

BOOK ....

ANIMAL ....

MOVIE ....

GAME ....

SONG ....

Draw something that makes you happy

Draw Something Or Stick A Picture That Made You Grateful Today

MO   TU   WE   TH   FR   SA   SU   DATE: /   /

TODAY I AM THANKFUL FOR ...

#1 ____

#2 ____

#3 ____

TODAY I FEEL ...

DRAW SOMETHING THAT MAKES YOU HAPPY:

SOMETHING AWESOME ABOUT TODAY THAT I WANT TO REMEMBER ..

____

____

____

BEDTIME

Time: ......:......

I am grateful for

PERSON ....

HOLIDAY ....

FOOD ....

DRINK ....

PLACE ....

BOOK ....

ANIMAL ....

MOVIE ....

GAME ....

SONG ....

Draw something that makes you happy

Draw Something Or Stick A Picture That Made you Grateful Today

MO   TU   WE   TH   FR   SA   SU   DATE: /   /

TODAY I AM THANKFUL FOR ...

#1 ____

#2 ____

#3 ____

TODAY I FEEL ...

DRAW SOMETHING THAT MAKES YOU HAPPY:

SOMETHING AWESOME ABOUT TODAY THAT I WANT TO REMEMBER ..

BEDTIME

Time: _____ : _____

I am grateful for

PERSON .... BOOK ....

HOLIDAY .... ANIMAL ....

FOOD .... MOVIE ....

DRINK .... GAME ....

PLACE .... SONG ....

Draw something that makes you happy

Draw Something Or Stick A
Picture That Made you
Grateful Today

MO   TU   WE   TH   FR   SA   SU   DATE: /   /

TODAY I AM THANKFUL FOR ...

#1 ____

#2 ____

#3 ____

TODAY I FEEL ...

DRAW SOMETHING THAT MAKES YOU HAPPY:

SOMETHING AWESOME ABOUT TODAY THAT I WANT TO REMEMBER ..

BEDTIME

Time: ___ : ___

I am grateful for

PERSON	**BOOK**
HOLIDAY	**ANIMAL**
FOOD	**MOVIE**
DRINK	**GAME**
PLACE	**SONG**

Draw something that makes you happy

Draw Something Or Stick A Picture That Made you Grateful Today

MO   TU   WE   TH   FR   SA   SU   DATE: /   /

TODAY I AM THANKFUL FOR ...

#1 ____

#2 ____

#3 ____

TODAY I FEEL ...

DRAW SOMETHING THAT MAKES YOU HAPPY:

SOMETHING AWESOME ABOUT TODAY THAT I WANT TO REMEMBER ..

____

____

____

BEDTIME

Time: ......:......

I am grateful for

PERSON ....

HOLIDAY ....

FOOD ....

DRINK ....

PLACE ....

BOOK ....

ANIMAL ....

MOVIE ....

GAME ....

SONG ....

Draw something that makes you happy

Draw Something Or Stick A Picture That Made you Grateful Today

MO   TU   WE   TH   FR   SA   SU   DATE: /   /

TODAY I AM THANKFUL FOR ...

#1 ____

#2 ____

#3 ____

TODAY I FEEL ...

DRAW SOMETHING THAT MAKES YOU HAPPY:

SOMETHING AWESOME ABOUT TODAY THAT I WANT TO REMEMBER ..

BEDTIME

Time: ...... : ......

I am grateful for

PERSON ....
HOLIDAY ....
FOOD ....
DRINK ....
PLACE ....

BOOK ....
ANIMAL ....
MOVIE ....
GAME ....
SONG ....

Draw something that makes you happy

Draw Something Or Stick A Picture That Made you Grateful Today

MO   TU   WE   TH   FR   SA   SU   DATE: /   /

TODAY I AM THANKFUL FOR ...

#1 ____

#2 ____

#3 ____

TODAY I FEEL ...

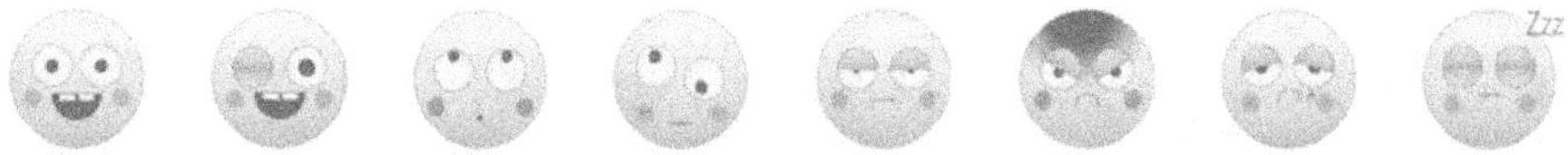

DRAW SOMETHING THAT MAKES YOU HAPPY:

SOMETHING AWESOME ABOUT TODAY THAT I WANT TO REMEMBER ..

BEDTIME ☆

Time: ......:......

I am grateful for

PERSON ····························· BOOK ·····························

HOLIDAY ····························· ANIMAL ·····························

FOOD ····························· MOVIE ·····························

DRINK ····························· GAME ·····························

PLACE ····························· SONG ·····························

Draw something that makes you happy

Draw Something Or Stick A Picture That Made you Grateful Today

MO   TU   WE   TH   FR   SA   SU   DATE: /   /

TODAY I AM THANKFUL FOR ...

#1 ____

#2 ____

#3 ____

TODAY I FEEL ...

DRAW SOMETHING THAT MAKES YOU HAPPY:

SOMETHING AWESOME ABOUT TODAY THAT I WANT TO REMEMBER ..

____

____

____

BEDTIME
Time: ..... : .....
I am grateful for
PERSON
HOLIDAY
FOOD
DRINK
PLACE
BOOK
ANIMAL
MOVIE
GAME
SONG
Draw something that makes you happy

Draw Something Or Stick A Picture That Made you Grateful Today

MO   TU   WE   TH   FR   SA   SU   DATE: /   /

TODAY I AM THANKFUL FOR ...

#1 ____

#2 ____

#3 ____

TODAY I FEEL ...

DRAW SOMETHING THAT MAKES YOU HAPPY:

SOMETHING AWESOME ABOUT TODAY THAT I WANT TO REMEMBER ..

BEDTIME

Time: ..... : .....

I am grateful for

PERSON ·································

HOLIDAY ·······························

FOOD ···································

DRINK ··································

PLACE ··································

BOOK ···································

ANIMAL ·································

MOVIE ··································

GAME ···································

SONG ···································

Draw something that makes you happy

Draw Something Or Stick A Picture That Made you Grateful Today

MO   TU   WE   TH   FR   SA   SU   DATE: /   /

TODAY I AM THANKFUL FOR ...

#1 ____

#2 ____

#3 ____

TODAY I FEEL ...

DRAW SOMETHING THAT MAKES YOU HAPPY:

SOMETHING AWESOME ABOUT TODAY THAT I WANT TO REMEMBER ..

BEDTIME

Time: _____ : _____

I am grateful for

PERSON ....

HOLIDAY ....

FOOD ....

DRINK ....

PLACE ....

BOOK ....

ANIMAL ....

MOVIE ....

GAME ....

SONG ....

Draw something that makes you happy

Draw Something Or Stick A Picture That Made you Grateful Today

MO   TU   WE   TH   FR   SA   SU   DATE: /   /

TODAY I AM THANKFUL FOR ...

#1 ____

#2 ____

#3 ____

TODAY I FEEL ...

DRAW SOMETHING THAT MAKES YOU HAPPY:

SOMETHING AWESOME ABOUT TODAY THAT I WANT TO REMEMBER ..

____

____

____

BEDTIME

Time: ..... : .....

I am grateful for

PERSON	BOOK
HOLIDAY	ANIMAL
FOOD	MOVIE
DRINK	GAME
PLACE	SONG

Draw something that makes you happy

Draw Something Or Stick A Picture That Made you Grateful Today

WE'RE HONORED

There's a lot of choices out there but you singled us out and that means a lot.

We just want to express how much we appreciate your purchase.

We love our customers dearly and your feedback is so helpful for us to hear.

Please let us know how you like our book at:

A great Big Thank You!